カルピス社員の
とっておきレシピ

池田書店

「カルピス」は1919年7月7日に、
日本初の乳酸菌飲料として誕生しました。
以来、甘酸っぱい「初恋の味」は、
日本中の老若男女に
90年以上もの間、愛され続けています。

「カルピス」１杯に含まれる乳酸菌は約60億個。
「カルピス」を作るもとになる「カルピス菌」には、
からだにやさしい乳酸菌と酵母菌が共生しています。
また、「カルピス」は脂肪分“ゼロ”。
栄養価の高いタンパク質、
糖質、ミネラルが含まれています。

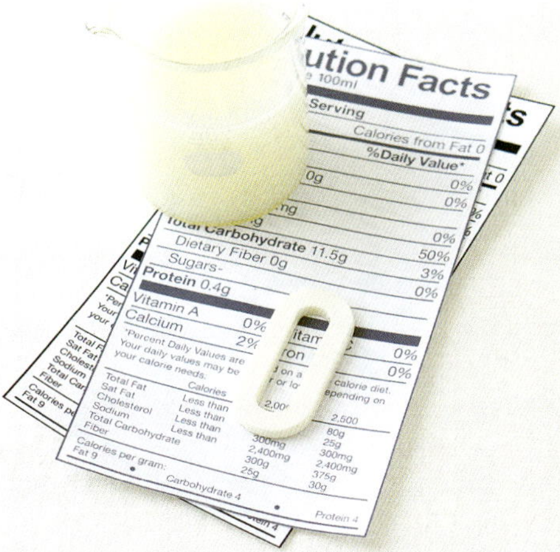

ドリンクはもちろん。

お料理にも、デザートにも大活躍します。

CONTENTS

PART 01

「カルピス」を使って作るドリンク

PART 02

「カルピス」を使って作る料理

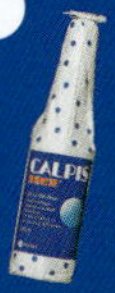

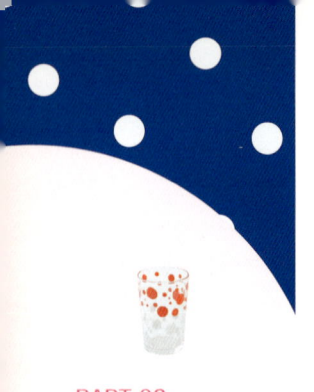

PART 03

「カルピス」を使って作るデザート

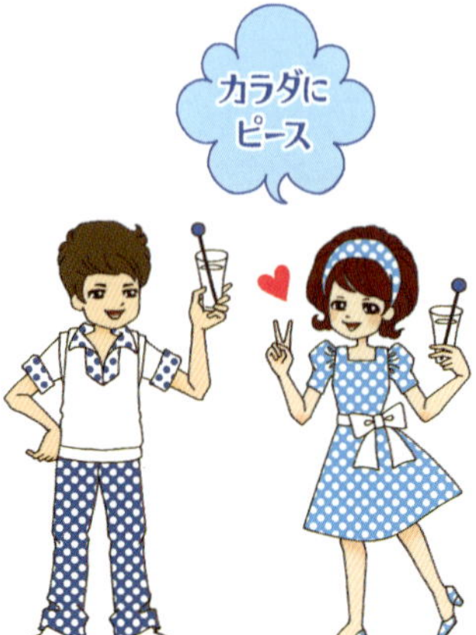

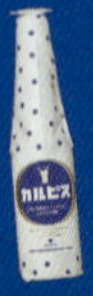

PART 04

カルピス社の社員食堂

○材料に「カルピス」とあるものは、すべて濃縮タイプの「カルピス」の原液です。
○レシピはカルピス社員が考案したものですが、ホームページ内「カルピスカフェ」掲載のレシピ（http://www.calpis.co.jp/cafe）を参考にしたお気に入りのものもあります。
○社員の「カルピス」歴は、はじめて「カルピス」を飲んだときからの年数です。
○社員の部署名、「カルピス」歴は2011年5月現在です。
○計量の単位は、大さじ1＝15mℓ、小さじ1＝5mℓ、1カップ＝200mℓです。

知ってナットク！

「カルピス」の基礎知識

「カルピス」の誕生

1902年、創業者・三島海雲《みしまかいうん》（当時25歳）は、大きな夢と希望を抱いて中国大陸へ渡り、その2年後、仕事で内モンゴルを訪れました。長旅の疲れで体調をくずした海雲は、内モンゴルの人から酸っぱいミルクのような飲みものをふるまわれました。それがとてもおいしく、飲み続けているうちに体の調子がよくなったのです。これは牛や馬の乳を乳酸菌で発酵させた『酸乳』でした。やがて日本に帰国した海雲は、この『酸乳』をヒントに、“おいしくて体によいもの”を創りたいと乳酸菌の研究を開始。そして生まれたのが日本初の乳酸菌飲料「カルピス」です。

名前の由来

「カルピス」は、牛乳に含まれるカルシウムの“カル”と、サンスクリット語のサルピスの“ピス”から生まれた名前です。当時の日本人に不足していたカルシウムを加えたことと、仏教の五味の一つであるサルピスに由来します。五味とは牛乳を生成する過程の5段階の味で、乳《にゅう》、酪《らく》、生酥《しょうそ》、熟酥《じゅくそ》（サルピス）、醍醐《だいご》（サルピルマンダ）のこと。最高位の醍醐（サルピルマンダ）だと“カルピル”となって歯切れが悪いため、次位の熟酥（サルピス）から名前を取って「カルピス」と命名されました。

水玉模様は天の川

「カルピス」が7月7日の七夕の日に誕生したことから、当時の宣伝部の社員が天の川をイメージしてパッケージをデザインしました。よく見ると水玉がランダムなのは、夜空にまたたく星を表しているから。最初は青地に白の水玉模様でしたが、のちに白地に青の水玉模様になりました。

キャッチフレーズ「初恋の味」

三島海雲の後輩・駒城卓爾《こまきたくじ》氏が「初恋とは、清純で美しいもの。初恋という言葉には人々の夢と希望と憧れがある。だから甘くて酸っぱい『カルピス』は“初恋の味”だ」と言った言葉に三島が納得し、大正11年4月の新聞広告に掲載したのが始まり。当時は“初恋”という言葉さえはばかるような時代だったので、世論を二分するほどの話題になり、このキャッチフレーズはまたたく間に日本中に広がっていきました。

滋強飲料
カルピス
カルピスの一杯に
初戀《はつこひ》の味《あぢ》がある
疲勞の後の一杯
浴後の一杯
散策の後の一杯
病床の一杯
醉ざめの一杯

「初恋の味」のコピーが入った初めての新聞広告。

「カルピス」のカロリー

「カルピス」の薄め方の基本は「カルピス」1：水4。このように5倍希釈にした場合、150㎖では72kcal。低脂肪乳や100％ぶどうジュースなどのカロリーとほぼ同じです。また150㎖に含まれる乳酸菌は約60億個です。

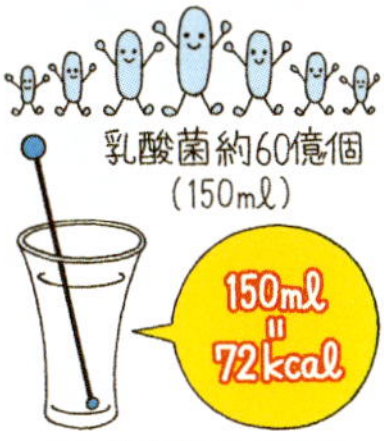

※5倍希釈にした場合

「カルピス」の保存

開栓前は日の当たらない涼しい場所に保管し、開栓後は冷蔵庫に立てて保存してください。そして10日～2週間で飲み切るようにすると、作るたびにフレッシュなおいしさを楽しめます。一度開封したら、くれぐれも常温に長時間置いておかないようにしてください。

はじめに

カランカラ〜ン♪という涼しげな氷の音。
暑い日に氷をたっぷり入れて飲み干す、
甘酸っぱい「カルピス」のおいしいことといったら……！
でも「カルピス」は夏だけの飲みものではありません。
私たちカルピス社員は、お正月からクリスマスまで春夏秋冬、
思い思いに「カルピス」を楽しんでいます。
それは「カルピス」の魔法を知っているから。

私たちは「カルピス」をこよなく愛するがゆえに、
このおいしさをいろいろな形で楽しもうと考えてきました。
あるときはおもてなしのデザートに、
あるときは夕食のおかずの隠し味に、
そしてまたあるときはオリジナルカクテルに。

アイデア次第で主人公にも引き立て役にもなる
「カルピス」の魔法。
いろいろな食材と溶け合い、新しいおいしさが生まれます。
そんなカルピス社員ならではの楽しみ方を
皆さんにご紹介したいと思います。

私たちの「カルピス」への愛がつまったレシピの中から、
あなたのお気に入りや新しいアイデアが生まれたら、
私たちにとってこの上ない喜びです。

カルピス社員一同

PART 01

「カルピス」を使って作る
ドリンク

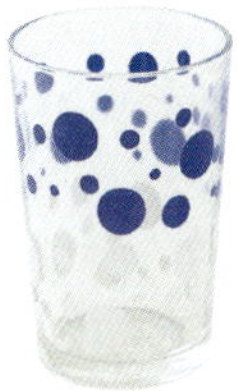

「カルピス」はもともとドリンクとして販売されているもの。水で薄めたものはもちろんおいしいのですが、フルーツと合わせたり、炭酸水やアルコールなどと合わせてもひと味違った楽しみ方ができます。「カルピス」を一番よく知る社員だからこそのアイデアレシピをご紹介します。

「カルピス」のさわやか味が決め手

いちごミルク

＋フルーツ

材料と作り方（2人分）

ミキサーにいちご4～6個、牛乳1カップを入れて約5秒撹拌する（果肉が少し残る程度）。グラスにそれぞれ**「カルピス」**10mℓと牛乳30mℓ、ミキサーにかけたものを半量ずつ加えてよく混ぜる。

東京支店 平松さん／「カルピス」歴20年

いちごと「カルピス」と牛乳は、イチオシの組み合わせです。いちごジャムを加えると、風味が増していっそうおいしくなります。いちご以外の果物でも、この組み合わせなら大丈夫ですよ。

「カルピス」の風味があって消化がいい
アップルドリンク

＋フルーツ

材料と作り方（1人分）

りんご¼個は皮と芯を取ってすりおろす。グラスに「カルピス」20㎖とすりおろしたりんごを入れてかき混ぜ、水を加えて好みの濃度にする。

発酵応用研究所 鷺谷さん／「カルピス」歴29年

朝食にトーストといっしょにどうぞ！　消化がいいのでおすすめです。ただし、すりおろしたりんごは色が変わるので、作ったらすぐに飲んでくださいね。

「カルピス」の風味を朝食に

バナナジュース

＋フルーツ

材料と作り方（2人分）

ミキサーに皮をむいたバナナ1本、牛乳250mℓ、**「カルピス」**50mℓを入れて約10秒撹拌する。グラスに注ぎ、好みではちみつを加え混ぜる。

飲料事業部 松丸さん／「カルピス」歴26年

朝飲みたくなる一杯。栄養満点なので朝食代わりに飲んで出勤することもあります。あればオレンジはちみつを加えると、いっそうおいしさがアップします。

缶詰と「カルピス」ですぐできる
黄桃スムージー

+フルーツ

材料と作り方（2人分）

ミキサーに凍らせた黄桃（缶詰）160g、プレーンヨーグルト60g、牛乳60㎖、**「カルピス」**20㎖、氷を入れて約10秒撹拌する。グラスに注ぎ、ミントの葉を飾る。

広報・CSR部 芝崎さん／「カルピス」歴29年

黄桃の代わりに、白桃缶やフレッシュな桃を使ってもおいしいですよ。甘味が足りないかなと思ったときは、缶詰のシロップか「カルピス」で調整してください。

「カルピス」とマンゴーの相性が抜群
マンゴーラッシー

+フルーツ

材料と作り方（2人分）

ミキサーに皮をむいて種を取ったマンゴーの果肉160g、牛乳300mℓ、レモン汁大さじ2、**「カルピス」**60mℓを加えて約15秒撹拌する。氷を入れたグラスに注ぐ。

東京支店 細野さん／「カルピス」歴35年

カレー専門店にはいろんなフレーバーラッシーがあるので、自宅でも専門店の気分を味わいたくて作りました。牛乳の代わりにプレーンヨーグルトを使っても美味です。

「カルピス」のさわやかな味が口に残る
トマトドリンク

＋野菜

材料と作り方（2人分）

ミニトマト5個は半分に切る。ミキサーにミニトマトと**「カルピス」**50㎖、水150㎖、氷を入れ、約15秒撹拌する。グラスに注ぎミニトマトを添える。トマトの食感を残したいときは撹拌は短めにする。

広報・CSR部 伊藤さん／「カルピス」歴33年

トマトが苦手な人でも飲みやすいドリンク。甘酸っぱくてきれいな色に魅せられます。普通のトマトを使うときは、皮をむいて細かく刻んでからミキサーにかけます。

「カルピス」で野菜嫌いを解消！

ベジジュース

＋野菜

材料と作り方（2人分）

りんご¼個（50g）は皮と芯を取り、2〜3㎝角に切る。ほうれん草70gはゆでて水にさらしたのち、水けを絞って2〜3㎝長さに切る。ミキサーにりんごとほうれん草、牛乳180mℓ、**「カルピス」**60mℓを入れ、30〜40秒撹拌してグラスに注ぐ。

東京支店 細野さん／「カルピス」歴35年

毎朝、サラダ代わりに飲みたい野菜ジュースです。りんごを加えると野菜嫌いの子どもでも大丈夫。ミキサーにかけるとき、氷を加えてシャリシャリ感を楽しむのもおすすめです。

甘酸っぱい「カルピス」の味で飲みやすい
しょうがhotドリンク

＋野菜

材料と作り方（1人分）

カップにすりおろしたしょうが汁大さじ½、「カルピス」40㎖、お湯160㎖を入れてよく混ぜる。

名古屋支店金沢営業所 山中さん／「カルピス」歴30年

しょうがの中でも、特に体があたたまると評判の金時しょうががおすすめです。私は粉末の金時しょうがを使うことも。ピリッと辛味の効いたあと味がたまりません。

「カルピス」のやさしい香りを楽しんで
ローズヒップティー

+ハーブ

材料と作り方（1人分）

カップにローズヒップのティーバッグを入れて少量のお湯を注ぎ、濃いめにお茶を出す。好みの量の**「カルピス」**を入れていただく。

関東支店 近藤さん／「カルピス」歴23年

ローズヒップティーは、ビタミンCが豊富で美容にもいいと聞いたので愛飲していますが、酸っぱくて飲みにくいのが悩みの種でした。そこで思いついたのが、このレシピ。とても飲みやすくなってうれしい限りです。

「カルピス」のまろやかな味で飲みやすい
hot黒酢

＋黒酢

材料と作り方（1人分）

カップに黒酢20㎖、「カルピス」30㎖、お湯60㎖を入れて混ぜる。

関東支店 白鳥さん／「カルピス」歴20年

お酢が体にいいのは知っているけれど、酸っぱくて飲みにくいもの。そこで考えたのがこのレシピです。まろやかな口当たりなのに、のど越しピリッ！　飲むうちに心と体があたたまってきて、ほっとします。

甘酸っぱさがぴったりのキウイと「カルピス」
シュワッとキウイ

＋炭酸水

材料と作り方（1人分）

キウイ½個は皮をむいて細かく切り、ボウルに入れてマッシャー（なければフォークでもOK）ですりつぶす。これをグラスに入れ、**「カルピス」** 50mℓと炭酸水150mℓを注ぎ入れ、ゆっくりかき混ぜる。

広報・CSR部 宮本さん／「カルピス」歴30年

ちょっと酸っぱいキウイを買ってしまったときに思いついたレシピ。「カルピス」のやさしい甘味がキウイの酸味を包み込んでくれます。炭酸水の代わりに、水：プレーンヨーグルト＝1：2におきかえて作ってもおいしいですよ。

柑橘系の果物と「カルピス」の味が好相性
シトラスソーダ

＋炭酸水

材料と作り方（1人分）

オレンジとピンクグレープフルーツ各1房は、薄皮をむいて身を取り出し、2〜3等分に切る。グラスに氷を入れて、「カルピス」40mℓと炭酸水160mℓを加えてかき混ぜ、フルーツを加え、ミントの葉を添える。

業務用事業部 小林さん／「カルピス」歴30年

季節のフルーツならなんでもOKです。見た目も新鮮でおいしそう。甘酸っぱい「カルピス」はどんなフルーツにもよく合うので失敗知らずで作れますよ。

「カルピス」の風味が加わって口当たりgood ！
梅酒サワー

+アルコール

材料と作り方（1人分）

グラスに氷を入れ、「カルピス」20mℓ、梅酒20mℓ、炭酸水40mℓを加えて混ぜる。

韓国のアルコールにもよく合う「カルピス」の味
さわやかマッコリ

+アルコール

材料と作り方（1人分）

グラスに氷を入れ、「カルピス」20mℓとマッコリ80mℓを入れてよくかき混ぜる。

業務用事業部 浅田さん／「カルピス」歴40年

梅酒サワーは、見た目がにごり酒のよう。「カルピス」と梅酒の甘さに、さわやかな炭酸水が加わって飲みやすいお酒です。アルコール度数も低めです。
マッコリは今人気の韓国のお酒ですが、実は「カルピス」もマッコリも乳酸菌からできています。だから2つは好相性。最近は居酒屋などでも人気です。家飲みでもぜひ！

さわやかマッコリ

梅酒サワー

ウイスキーに「カルピス」をプラス

ハイボール・ホワイト

+アルコール

材料と作り方（1人分）

グラスに氷を入れ、ウイスキー30㎖、「カルピス」30㎖、炭酸水40㎖を入れて混ぜる。

コンク・ギフト事業部 横川さん／「カルピス」歴40年

ウイスキーのもつ香りや苦味に、「カルピス」の甘酸っぱさが加わって絶妙のおいしさです。お好みでそれぞれの割合を調整してください。

沖縄の味と「カルピス」の味が合体
シークワーサーマイタイ

材料と作り方（2人分）

ミキサーにシークワーサーの果汁60㎖、パイナップルジュース（果汁100%）90㎖、オレンジジュース（果汁100%）30㎖、**「カルピス」**30㎖、ラム酒20㎖を入れて約10秒撹拌する。細かく砕いた氷を入れたグラスに注ぎ、パイナップルとオレンジを添える。

研究戦略部 眞島さん／「カルピス」歴29年

マイタイはラムベースのカクテル。さわやか味で、夏にぴったりです。ラム酒は濃厚で香り豊かなダークラムを使うといっそうおいしい仕上がりに。またシークワーサーの皮を薄くそいで細切りにしたものを加えてもgood！

「カルピス」と赤ワインの2層が美しい

イレブンバイオレット

+アルコール

材料と作り方（1人分）

グラスに「カルピス」20mlと水80mlを入れてよくかき混ぜ、赤ワインを静かに注ぎ入れる。このとき、注ぎ口のついたピッチャーに赤ワインを入れ、スプーンの背にあててゆっくり注ぐときれいな2層になる。

人事・総務部 藤沢さん／「カルピス」歴50年

赤と白の2層のカクテルは、「カルピス」を使った料理教室を担当したときにご紹介したもの。きれいな2層ができると、お客様から「わぁ～！」と歓声が上がりました。お家でもぜひ盛り上がってください。

「カルピス」の白い色とパンチが自慢
スパークリングスノー

＋アルコール

材料と作り方（1人分）

グラスにスパークリングワイン110mℓと**「カルピス」**10mℓを入れてかき混ぜ、ライムを添える。

発酵応用研究所 川口さん／「カルピス」歴26年

ワインの原料であるぶどうと生乳の発酵がコラボして、双方のよさが引き立ち、とてもおいしいドリンクに。私はメキシコ産のスパークリングワイン・サラビベを使いますが、シャンパンでもOKです。

「カルピス」を使って作る
簡単おつまみ2種

「カルピス」で割るお酒にはやっぱり「カルピス」入りのおつまみがよく合います。ここでは簡単&時短で作れるおつまみ2種をご紹介します。

クリームチーズディップ

材料（作りやすい分量）

クリームチーズ‥‥‥‥‥‥ 100g
「カルピス」‥‥‥‥ 大さじ3～4
クラッカー（2種）、好みのパン
‥‥‥‥‥‥‥‥‥‥‥‥各適宜

作り方

1. クリームチーズは室温に戻し、ボウルに入れて泡立て器で混ぜ、**「カルピス」**を少しずつ加えてなめらかになるまで混ぜ、冷蔵庫で冷やす。
2. **1**を器に入れ、クラッカーやパンにつけていただく。ほかにグリッシーニなどにつけてもOK。

乳製品事業部 岡野さん

おつまみはもちろんですが、小腹がすいたときのおやつにも。クリームチーズの固さは、「カルピス」の量で調節してください。

野菜のディップ

材料（作りやすい分量）

にんじん、きゅうり、セロリ、ラディッシュ、チコリ
　…………　各適宜（お好みで）

〈ディップ〉

「カルピス」：マヨネーズ＝1：3の割合

作り方

1. にんじんときゅうり、セロリはスティック状に、ラディッシュは縦半分に切る。
2. 「カルピス」とマヨネーズを混ぜ合わせて器に入れる。
3. 野菜はコップなどに入れ、2をつけていただく。

東京支店 中川さん

さわやかな風味のディップなので、野菜をさっぱりいただけます。野菜の彩りがきれいなので食卓が華やかに。お酒がすすみます。

乳酸菌の話

「カルピス」は乳酸菌飲料ですが、乳酸菌とはどんなもので、どんな働きがあるのでしょう。ここでは乳酸菌についての素朴な疑問にお答えします。※以下は、一般的な乳酸菌のお話です。

乳酸菌ってなあに？

地球上にたくさんいる微生物の中で、私たちにとって有益な微生物の一つが乳酸菌です。乳酸菌はブドウ糖や乳糖を分解して多量の乳酸を作り出し、この乳酸がさわやかな酸味を作るとともに、食品の保存性を高めます。乳酸菌は「カルピス」のような乳酸菌飲料や発酵乳（ヨーグルト）、チーズなどの乳製品、漬けもの、味噌、しょうゆなどの発酵食品を作るのに欠かせないものなのです。

乳酸菌の大きさや形はどのくらい？

1つの菌の大きさは、1～数マイクロメートル（1マイクロメートルは1ミリの1000分の1）ととても小さく、肉眼では見ることができません。身近な食べ物と比べると、米粒1粒の2500分の1くらいです。乳酸菌には、丸い形のものと、細長い形をしたものがあり、丸いものは乳酸球菌、細長いものは乳酸桿菌《かんきん》と呼ばれています。

乳酸菌の種類ってどのくらいあるの？

乳酸菌には現在発見されているものだけでも370以上の種類があります。「カルピス」は乳酸菌と酵母菌からなる「カルピス菌」で発酵して作られますが、その「カルピス菌」にはラクトバチルス・ヘルベティカスという種類の乳酸菌が含まれています。

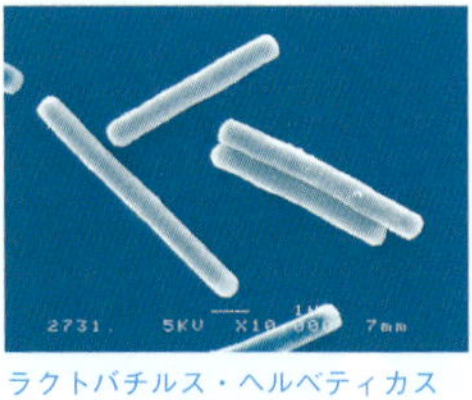

ラクトバチルス・ヘルベティカス

乳酸菌が元気になる温度は？

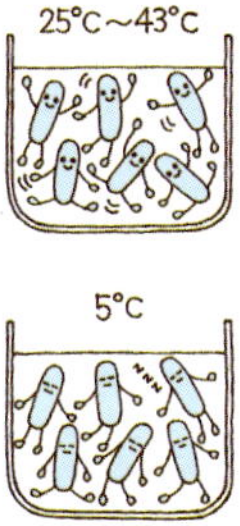

乳酸菌は、種類によっても異なりますが、だいたい25～43℃くらいで最も活発に活動・増殖します。従って、牛乳に乳酸菌を加えて発酵乳（ヨーグルト）を作るには、このくらいの温度が適しています。これより低温では乳酸菌による発酵はゆっくり進み、冷蔵庫内の温度（約5℃）では乳酸菌は休眠状態になっています。

乳酸菌がお腹にいいといわれているのはなぜ？

人の腸には約1,000種類の細菌が住んでいて、重さにして1～1.5kgくらいにもなるといわれています。その中で、善玉菌（人にとってよい働きをする菌）と呼ばれるものの一つが乳酸菌です。乳酸菌を用いて作ったヨーグルトなどの発酵食品を食べるとお腹の調子がよくなるということは昔から経験的に知られています。その理由として、ヨーグルトの中に含まれる乳酸菌がお腹の中で善玉菌として働いて悪玉菌（ウェルシュ菌など）を減らすからだとか、乳酸菌が作り出す成分が腸に働きかけるからなど、いくつかの理由が考えられています。

乳酸菌には、ほかにどんな働きがあるの？

1907年、ロシアのノーベル賞受賞学者メチニコフが、コーカサス地方の住民に長寿の人が多いのはヨーグルトをよく食べるためと考え、自著『The Prolongation of Life』の中で、不老長寿説として乳酸菌の有効性を初めて唱えました。現在では、乳酸菌の種類によって異なりますが、整腸作用のほかに、花粉症やアトピー性皮膚炎といったアレルギー症状を抑える作用、血圧降下作用、美肌効果、さらにはインフルエンザに対する効果など、さまざまな機能が明らかになっています。しかし乳酸菌はあくまでも食品なので乳酸菌をとれば病気が治るというわけではありません。ふだんからの食生活にうまく乳酸菌を取り入れて病気になりにくい体を作りましょう。

乳酸菌は生きていないと健康への効果はないの？

必ずしも生きた菌（生菌）である必要はなく、死んだ菌（死菌）でも同様の効果を得られることがわかっています。乳酸菌が活動する中で作られた成分が人間の健康に役立つ場合もあります。たとえば、「カルピス酸乳」から見つかった「ＬＴＰ（ラクトトリペプチド）」という成分は、血圧調節作用があるのですが、これも乳酸菌が作り出した成分です。カルピス社には、「ＬＴＰ」を活用した、特定保健用食品「カルピス酸乳／アミールＳ」という商品があります。

PART 02

「カルピス」を使って作る 料理

「カルピス」の甘酸っぱさやクリーミーさを利用すれば、砂糖や酢の代打として料理に大活躍します。さらに、コクを出したり、辛味をまろやかにしたり……と、みりんのような奥深い味を生み出す調味料にもなります。ここでは調味料として使う、目からうろこの「カルピス」レシピが目白押しです。

「カルピス」のまろやか味であっさりと
鶏肉のさっぱり煮

東京支店 福島さん／「カルピス」歴20年

「カルピス」を使うと甘味はもちろん、酢の酸味がまろやかになります。さっぱりいただけるので、こってり味が苦手な方におすすめです。「カルピス」を加える量はお好みで加減してください。

甘酸っぱさがぴったり！

材料（2人分）

鶏手羽元肉……………………………6本
塩、こしょう……………………各少々
玉ねぎ……………………………½個
サラダ油………………………大さじ1

A
水…………………………………1カップ
酢……………………………大さじ2～3
しょうゆ……………………大さじ1
酒…………………………………大さじ1
顆粒だしの素…………………小さじ½
しょうがの薄切り………………2枚

「カルピス」……………………大さじ1
万能ねぎ…………………………適宜

作り方

1. 鶏手羽元肉は、フォークをさして穴をあけ、塩、こしょうをする。

2. 玉ねぎはくし切りにする。

3. 鍋に油を熱し、**1**の鶏肉を入れて炒める。焼き色がついたら**2**の玉ねぎを加えて炒め、玉ねぎが透き通ってきたら、**A**を入れる。煮立ってきたら「カルピス」を加え、アクを取りながら弱火～中火で約20分煮る。

4. 器に盛り、小口切りにした万能ねぎをちらす。

「カルピス」の味でさっぱりと
鶏もも肉の梅おろし和え

東京支店 中川さん／「カルピス」歴26年

夏バテで食欲がないときに母がよく作ってくれたレシピを、大好きな「カルピス」でアレンジしました。私は小さい頃、母の隣でお肉に調味料をもみ込むお手伝いをした思い出があるので、皆さんもお子さんとぜひ。

甘酸っぱさがぴったり!

材料(2人分)

鶏もも肉・・・・・・・・・・・・250g

A
- 「カルピス」・・・・・・小さじ1
- 酒・・・・・・・・・・・・・・小さじ1
- しょうゆ・・・・・・・・小さじ1

梅干し・・・・・・・・・・・・・・大1個
大根おろし・・・・・・・・・・¼本分
片栗粉・・・・・・・・・・・・・・・・適量
サラダ油・・・・・・・・・・・・・・適量
豆苗・・・・・・・・・・・・・・・・・・適宜

B
- 「カルピス」・・大さじ1と½
- だし汁・・・・・・大さじ1と½
- しょうゆ・・・・・・・・小さじ1

作り方

1. 鶏肉は皮部分にフォークをさして穴をあけ、ひと口大のそぎ切りにしてAをもみ込み、約20分おく。
2. 梅干しは種を取り除いて、包丁で細かくたたき、水けを絞った大根おろしを加え混ぜる。
3. 1の鶏肉に片栗粉をまぶす。フライパンに油を熱し、皮目を下にして入れ、ときどき返しながら中火で揚げ焼きにする。
4. 3を皿に盛り、さっとゆでた豆苗をまわりに飾る。2をのせ、合わせたBのたれをかけていただく。

「カルピス」の甘酸っぱさで肉をジューシーに
特製タルタルチキン南蛮

発酵応用研究所 青柳さん／「カルピス」歴27年

「カルピス」の甘酸っぱさが、揚げ焼きにした鶏とマヨネーズのこってり感をさわやか味にしてくれます。食べやすいので、次から次に箸が伸びる一品です。タルタルソースの甘味は「カルピス」の量で加減してください。

甘酸っぱさがぴったり！

材料（2人分）

〈タルタルソース〉

- ゆで卵……………1個
- 玉ねぎ……………¼個
- マヨネーズ……大さじ3
- 「カルピス」……大さじ½
- 塩…………………少々

鶏もも肉…………小2枚
塩、こしょう………各適量
片栗粉……………適量
サラダ油………大さじ2

〈甘酢だれ〉

- 「カルピス」……小さじ1
- しょうゆ……大さじ1強
- 酢……………大さじ2

パセリのみじん切り…適量
キャベツのせん切り…適量
トマト、ブロッコリー
…………………各適宜

作り方

1. **タルタルソース**を作る。ゆで卵はフォークなどでつぶす。玉ねぎはみじん切りにし、水にさらしてからキッチンペーパーで水けをふき取る。ボウルにゆで卵と玉ねぎ、マヨネーズ、「カルピス」、塩を入れて、よく混ぜ合わせる。

2. 鶏もも肉の両面に塩、こしょうをふり、片栗粉をまぶす。フライパンに油を熱し、皮目を下にして入れ、ときどき返しながら中火で揚げ焼きにする。

3. 耐熱容器に**甘酢だれ**の材料を入れて混ぜ、600Wの電子レンジで約20秒加熱する。**2**にかけてからめ、食べやすい大きさに切る。

4. **3**の鶏肉を皿に盛り、**1**をかけてパセリのみじん切りをふる。キャベツのせん切り、くし切りにしたトマト、小房に分けてゆでたブロッコリーを添える。

「カルピス」入りのからめるソースが決め手

ボークソテー

東京支店 平原さん／「カルピス」歴45年

ソースの味が濃いめなので、野菜には何もかけなくても、お肉といっしょにおいしくいただけます。「カルピス」の甘酸っぱさが肉の旨味をぐんとアップしますよ。

甘酸っぱさがぴったり！

材料（2人分）

豚ロース肉（ソテー用）
　……………………2枚
塩、こしょう………各適量
小麦粉………………適量
サラダ油………… 大さじ1

A
「カルピス」…… 大さじ2
トマトケチャップ
　…………… 大さじ4
とんかつソース‥ 大さじ1
水…………… 大さじ2

〈マッシュポテト〉
じゃがいも………大1個
バター……………　5g
牛乳、塩、こしょう
　………………各少々

サラダ菜……………適宜
とうもろこし（2㎝厚さ）
　………………2切れ

作り方

1. 豚肉は包丁ですじを切り、肉たたきでたたく。両面に塩、こしょうをし、小麦粉をまぶす。

2. フライパンに油を熱し、**1**を入れて片面ずつ火が通るまで焼き、いったん取り出す。

3. 同じフライパンに**A**を加え、ふつふつしてきたら**2**を戻し入れてからめ、取り出して食べやすい大きさに切る。皿に盛り、フライパンに残ったソースをかける。

4. **マッシュポテト**を作る。じゃがいもは皮をむいて8等分に切り、ラップに包んで600Wの電子レンジで約2分加熱する。やわらかくなったらフォークなどでつぶして牛乳を加え混ぜ、塩、こしょうで味つけする。

5. **3**へサラダ菜とゆでたとうもろこし、**4**を添える。

「カルピス」は合わせ酢にぴったり

のり巻き

味の素㈱出向 波多野さん／「カルピス」歴45年

巻き寿司を作ろうと思ったとき、お酢をきらしていたことがメニュー発案のきっかけです。五穀米を使うと黒米が入っているのでピンク色のご飯が炊きあがります。白米と2種作れば、パーティーやハレの日などにぴったりです。

甘酸っぱさがぴったり！

材料（のり巻き2本分）

ご飯（炊きたて）……茶碗2杯分

〈合わせ酢〉
- 「カルピス」……80mℓ
- レモン汁……20mℓ
- 白いりごま……6g

〈卵焼き〉
- 卵……1個
- 「カルピス」……小さじ½
- だし汁……小さじ1
- サラダ油……少々

ロースハム……4枚
かいわれ大根……30g
焼きのり……2枚

作り方

1. ボウルにご飯を入れ、**合わせ酢**の材料を混ぜて粗熱を取る。
2. **卵焼き**を作る。ボウルに卵を割り入れ、「カルピス」とだし汁を加え混ぜる。卵焼き器に油を敷いて熱し、卵液を半量流し入れる。表面がふつふつとしてきたら、三折りにして返しながら焼き、手前にもってくる。あいたところに再び油を敷き、残りの卵液を入れ、焼き上がった卵の下にも流し入れ、再び箸でひっくり返しながら焼く。焼き上がったら、縦半分に切る。
3. ロースハムは細切りにする。かいわれ大根は根を切り落としておく。
4. 巻きすに焼きのり、**1**のご飯、ロースハム、かいわれ大根、卵焼きのそれぞれ半分量をのりの長さに合わせてのせ、手前から巻く。同様にしてもう1本巻く。
5. 8等分に切って皿に盛る。

「カルピス」の味でコクをアップ

天津飯

発酵応用研究所 小谷さん／「カルピス」歴20年

甘酸っぱくて、コクがあって、とてもおいしい天津飯ができました。具材はシーフードのほかに、にんじんやたけのこなどの野菜を入れてもおいしいと思います。

甘酸っぱさがぴったり!

材料（2人分）

A

「カルピス」…… 大さじ1
鶏がらスープ…… 1カップ
しょうゆ…… 大さじ1強
酒…… 大さじ1
酢…… 小さじ½
オイスターソース…… 小さじ½
水溶き片栗粉…… 大さじ2

ごま油…… 適量
サラダ油…… 適量
しょうがのみじん切り…… 適量
シーフードミックス（冷凍）…… 100g
卵…… 4個（1人2個）
ご飯…… 茶碗2杯分
グリーンピース（缶詰）…… 適量

作り方

1. あんを作る。鍋に**A**を入れて中火にかけ、よく混ぜる。とろみが出てきたら、ごま油をたらして火からおろす。

2. フライパンに油を熱し、しょうがとシーフードミックスを入れてよく炒め、皿に取り出す。

3. フライパンをさっとふいてきれいにし、油を敷いて再び火にかけ、溶きほぐした卵2個を入れてひと混ぜする。**2**の半量を加えて半熟に仕上げる。

4. ご飯を器に盛り、**3**をのせて**1**のあんの半量をかけ、グリーンピースをちらす。**3**～**4**を同様にして、もう1人分作る。

「カルピス」を使えば砂糖いらず
春雨サラダ

コンク・ギフト事業部 養畑さん／「カルピス」歴33年

ほんのり甘酸っぱくて、さっぱりいただけるサラダです。ごま油と「カルピス」の相性がよく、コクもあるので飽きずに食べられます。

甘酸っぱさがぴったり！

材料（2人分）

春雨（乾燥）	30g
きくらげ（乾燥）	2枚
きゅうり	½本
にんじん	20g
塩	少々
ハム	1枚
いり白ごま	適量
A	
「カルピス」、しょうゆ	各大さじ1
酢、ごま油	各大さじ½

作り方

1. 鍋に湯（分量外）を沸かして春雨をゆで、ざるにあげる。きくらげは水で戻して石づきを取る。

2. 春雨は食べやすい長さに切る。きゅうりとにんじんは細切りにし、塩をふって5分ほど置き、水けを絞る。ハムと戻したきくらげは細切りにする。

3. ボウルに**A**を合わせ、**2**を和える。皿に盛り、ごまをふる。

カレーにも「カルピス」、これ常識!?

カレー風味のポトフ

コクがアップ！

材料（2～3人分）

じゃがいも……………………………2個
にんじん……………………………½本
ブロッコリー…………………………¼株
キャベツ……………………………¼玉
ウインナー…………………………4本
水……………………………………600㎖
「カルピス」………………………大さじ1～2
コンソメスープの素（顆粒）………小さじ1
カレー粉……………………………大さじ1/[illegible]
塩、こしょう…………………………各適量

作り方

1. じゃがいもとにんじんは皮をむいて食べやすい大きさに切る。ブロッコリーは小房に切り、キャベツは半分に切る。ウインナーは縦半分に切る。

2. 鍋にブロッコリー以外の**1**を入れ、水を加えて中火にかける。

3. 沸騰してきたら火を弱め、**「カルピス」**とコンソメスープの素を加え、ふたをして弱火で約10分煮込む。ブロッコリーとカレー粉を加え、野菜がやわらかくなったら塩、こしょうで味をととのえる。

商品開発センター 初川さん／「カルピス」歴19年

手軽に作れるのに本格的、かつ栄養豊富な一品です。野菜の旨味と「カルピス」のほのかな酸味と甘味が見事に調和し、カレー粉でパンチを。野菜がたっぷり食べられるのがうれしいレシピです。

「カルピス」の入った漬け込みだれが隠し味

スペアリブ

コクがアップ！

材料（2人分）

スペアリブ……………………… 500g
酒……………………………適量
〈漬け込みだれ〉
「カルピス」………………… 大さじ3
しょうゆ…………………… 大さじ3
トマトピューレ……………… 大さじ2
甜麺醤……………………… 大さじ½
豆板醤…………………………少々
紹興酒……………………… 大さじ1
ごま油……………………… 小さじ1

作り方

1. 鍋に湯（分量外）を沸かして酒を入れ、スペアリブを入れる。アクを取りながら、完全に火が通るまで5分くらいゆでる。
2. 1が熱いうちにバットに取り出して並べ、合わせた**漬け込みだれ**をかけて2時間くらい漬け込む（途中、肉の上下を返す。できれば一晩置いて）。
3. 魚焼きグリルに2をのせ、何度か漬け込み汁をはけでぬりながら、両面に焼き色がつくまで弱火で焼く。

コンク・ギフト事業部 林さん／「カルピス」歴35年

肉をゆでて脂を落としてあるので、高齢の方や小さなお子さんにも食べやすいと思います。トマトピューレの代わりにケチャップでもOK。その場合はしょうゆや甜麺醤を減らして、味を調整してください。

セロリを「カルピス」のまろやかな味で食べやすく

牛肉とセロリのすりごま炒め

東京支店 中川さん／「カルピス」歴26年

セロリは食物繊維、カロテン、そしてメチオニン（肝機能を高め二日酔いに効くとされる成分）などを含む栄養価の高い野菜。セロリの独特の香りが苦手という人も、こうした炒めものにすると、まるごとおいしくいただけますよ。

コクがアップ！

材料（2～3人分）

牛切り落とし肉……150g

A
- 「カルピス」……大さじ1
- 酒、しょうゆ、片栗粉……各小さじ1
- すり白ごま……大さじ1

セロリ……1本
にんじん……⅓本
いんげん……4本
サラダ油……適量

B
- 「カルピス」……大さじ1
- 酒、しょうゆ……各小さじ2
- みそ……小さじ1
- 水……大さじ1
- こしょう……少々

作り方

1. 牛肉は食べやすい大きさに切ってボウルに入れ、Aを混ぜ込んで、5～10分なじませる。
2. セロリは1cm幅の斜め切り、にんじんは5cm長さの短冊切り、いんげんは5cm長さの斜め切りにする。
3. フライパンに油を熱し、1の牛肉を炒めて皿に取り出す。
4. 3のフライパンをさっとふいて油を敷き、2の野菜を炒める。少ししんなりしたら3の牛肉を戻し入れ、合わせたBを加えてよく混ぜ合わせる。
5. 器に盛り、すり白ごま（分量外）をふる。

「カルピス」と赤ワインが絶妙のコンビ

豚ひれ肉のスイート煮

群馬工場 軽部さん／「カルピス」歴40年

以前、スイートワインで作ったことがありますが、赤ワインと「カルピス」で作った方がコクのある味に仕上がりました。豚肉の臭みもなく、ご飯といっしょにパクパク食べられます。

コクがアップ！

材料（2～3人分）

豚ひれ肉（かたまり）
…………………250g
塩…………………適量
粗びき黒こしょう……適量
オリーブ油……… 大さじ1
バター………………15g
赤ワイン…………180㎖
「カルピス」………… 25㎖
しょうゆ……………少々
ベビーリーフ、ラディッシュ
……………………適量
オリーブ油…………適量

作り方

1. 豚ひれ肉は、表面にフォークをさして穴をあけ、塩、こしょうをすり込んで約30分置く。
2. フライパンを熱し、オリーブ油とバターを入れ、バターが溶けたら1の豚肉を入れて焼き色がつくまで焼く。
3. 赤ワインと「カルピス」を加え、ふたをして弱火で約15分蒸し煮にする。肉を取り出し、アルミホイルに包んで約15分休ませる。
4. 3のフライパンに残った煮汁に、アルミホイルの中の肉汁としょうゆを加え、とろみがつくまで煮詰める。
5. 豚肉を食べやすい厚さに切って皿に盛り、4のソースをかける。
6. ベビーリーフと薄切りにしたラディッシュを5に添え、オリーブ油をかけ、塩、こしょうをする。

さわやかな「カルピス」の酸味に脱帽！

かぼちゃのメープル風味サラダ

コクがアップ！

材料（2人分）

かぼちゃ……………………… 200g

A

- メープルシロップ……………小さじ1
- マヨネーズ……………………大さじ1
- 牛乳……………………………少々

「カルピス」……………………大さじ1

スライスアーモンド…………………適宜

作り方

1. かぼちゃはスプーンなどで種を取り除きラップをかける。600Wの電子レンジで2分30秒ほど加熱し、フォークなどでつぶす。

2. **A**を混ぜ合わせ、**1**のかぼちゃを混ぜる。

3. さらに「カルピス」を加え混ぜ、しばらく置いて味をなじませる。

4. 皿に盛り、フライパンでから煎りしたアーモンドをのせる。

監査室 岩崎さん／「カルピス」歴22年

「カルピス」のさわやかな酸味と、メープルシロップのほのかな甘味が好相性。甘くてホクホクのかぼちゃとぴったりです。

練りごまと「カルピス」は相性抜群

ごま豆腐

コクがアップ！

材料（2人分）

練り白ごま……………………大さじ3
水…………………………………1カップ
「カルピス」………………大さじ1と½
片栗粉…………………………大さじ2
塩………………………………………少々
オクラ…………………………………½本
めんつゆ（市販のもの）……………適量

作り方

1. 小鍋に練り白ごまを入れ、水を少しずつ加えて溶き、「カルピス」、片栗粉、塩を加えてよく混ぜ合わせる。

2. **1**の鍋を弱火にかけ、木べらで鍋底をこするようにしながら、ぽってりとなるまでよく練る。

3. 水でぬらした型（プリン型など）に入れ、粗熱が取れたら冷蔵庫で冷やし固める。

4. 皿に取り出し、ゆでて輪切りにしたオクラをのせ、めんつゆをかける。

発酵応用研究所 松下さん／「カルピス」歴25年

練りごまと「カルピス」が絶妙のハーモニーを奏でます。香ばしいごまの風味がふわ〜っと口の中に広がってあとを引くおいしさ。きれいに作るポイントは、弱火で根気よく練ること。もっちりした食感がくせになりますよ。

とりこになる「カルピス」の入ったマヨソース

みそマヨのホイル焼き

東京支店 丸井さん／「カルピス」歴22年

「カルピス」入りのみそマヨは、甘さやコクがアップしてやみつきの味になります。魚と野菜のどちらにもよく合うので、季節の魚や野菜でアレンジしてみてください。

まろやか味に！

材料（1人分）

玉ねぎ……………………………1/8個
生しいたけ、えのき、エリンギ（好みで）
……………………………適量
キャベツ……………………………1/4枚
生鮭（切り身）……………………1切れ
酒、塩、こしょう…………………各少々
サラダ油……………………………少々
〈みそマヨ〉
「カルピス」……………………大さじ1
みそ……………………………大さじ1
マヨネーズ………………………大さじ1/2
万能ねぎ……………………………適量
レモン……………………………適宜

作り方

1. 玉ねぎと石づきを取ったしいたけは薄切り、えのきはほぐし、エリンギとキャベツは食べやすい大きさに切る。鮭は酒をふり、塩、こしょうをする。

2. アルミホイルにサラダ油を塗り、鮭、野菜の順にのせ、よく混ぜ合わせた**みそマヨ**をかけて包む。

3. オーブントースター（水を張ったフライパンでもOK）で10～15分、鮭に火が通るまで焼く。

4. 皿に盛り、小口切りにした万能ねぎをちらしてレモンのくし切りを添える。

「カルピス」入りだからマイルドな辛味

ぷりぷりえびチリ

大阪支店 宮原さん／「カルピス」歴20年

パパッとできて、ぷりぷりのえびの食感がたまらないおかずです。「カルピス」を使うことで、さわやかな酸味とマイルドな辛味が生まれました。辛味は豆板醤の量で調節してください。

まろやか味に！

材料（2～3人分）

えび……………… 中12尾
塩、酒……………各少々
片栗粉………………適量
ごま油…………… 大さじ1
にんにく……………… 1片
しょうが………………少々
豆板醤………… 小さじ⅓～1

A
「カルピス」…… 大さじ1
しょうゆ、酒
……………各大さじ½
鶏がらスープの素（顆粒）
………………小さじ½
トマトケチャップ
……………… 大さじ1
水………………150mℓ

水溶き片栗粉…… 大さじ1
長ねぎ……………………½本

作り方

1. えびは殻をむいて背に包丁を入れ、背わたを取って塩と酒をふりかけてもみ込む。炒める直前に片栗粉をまぶす。

2. フライパンにごま油を熱し、みじん切りにしたにんにくとしょうが、豆板醤を炒める。

3. **2**に**1**のえびを加え、さっと炒める。えびの色が変わったら、**A**を加え混ぜる。えびに火が通ったら、水溶き片栗粉を回しかけてとろみをつける。

4. 最後にみじん切りにした長ねぎを加え、ひと煮立ちさせる。

「カルピス」のやさしい甘味が深い味わい

白和え

まろやか味に！

材料（2人分）

絹ごし豆腐…………………¼丁（90g）
にんじん、まいたけ………………各30g
ほうれん草…………………………½束
A
「カルピス」…………………小さじ1弱
すり白ごま……………………大さじ1～2
薄口しょうゆ…………………小さじ½
塩……………………………………適量

作り方

1. 豆腐はペーパータオルに包んで重し（皿など）をし、水けをきる。すり鉢に入れ、すりこぎでなめらかになるまでする。

2. 鍋に湯（分量外）を沸かして塩少々を入れ、薄切りにしたにんじん、ほぐしたまいたけの順にゆで、それぞれざるにあげて水けをきる。次にほうれん草をゆでて水にさらし、水けを絞って3cm長さに切る。

3. ボウルに**A**を混ぜ、**1**の豆腐と**2**の野菜を加えて和え、塩で味をととのえる。

発酵応用研究所 松下さん／「カルピス」歴25年

砂糖の代わりに「カルピス」を加えた白和えです。さわやかな香りとやさしい甘さが上品な味わい。ほかに、お好みでいんげんやしめじ、こんにゃくなどの具材と和えてもおいしくいただけます。

子どもが大好きな「カルピス」入りの甘い卵焼き

オムレツ

まろやかな味に！

材料（1人分）

牛ひき肉……………………………25g
玉ねぎ……………………………⅙個
塩、こしょう……………………各少々
サラダ油…………………………適量
卵…………………………………2個
「カルピス」……………………大さじ½
キャベツ、紫キャベツ…………適量
トマトケチャップ………………適量

作り方

1. フライパンに油を熱し、ひき肉とみじん切りにした玉ねぎを炒め、塩、こしょうで味つけして、皿に取り出す。

2. ボウルに卵を割り入れ、「カルピス」を加え混ぜる。

3. **1**のフライパンをさっとふいて油を熱し、卵液を流し入れる。軽く混ぜながら半熟になったら弱火にし、手前よりに**1**をのせて包み、ひっくり返して皿に盛る。

4. せん切りにしたキャベツと紫キャベツを混ぜ、**3**に添える。好みでケチャップをかけていただく。

大阪支店 佐藤さん／「カルピス」歴23年

関西人好みの甘いオムレツです。卵に「カルピス」を加えるだけで、どこかなつかしい味に。少し多めの油を熱し、手早く仕上げるのが卵を焦がさずふんわり焼くコツです。

ほのかに「カルピス」の風味が漂って美味

野菜の生ハム巻き

広告部 谷さん／「カルピス」歴20年

シャキシャキ野菜の食感と甘酸っぱい「カルピス」が、生ハムとよく合います。口の中でまろやかな味になって、次から次へと箸が伸びます。おかずはもちろん、お酒のお供にもぴったりです。

まろやか味に！

材料（2人分）

にんじん……………………………⅓本
黄パプリカ…………………………¼個
アスパラガス………………………1本
塩……………………………………少々
「カルピス」、酢………………各大さじ2
生ハム（小さめのもの）…………6枚
ピンクペッパー……………………適量

作り方

1. にんじんとパプリカは細切り、アスパラガスは下のかたい部分をピーラーなどでむき、4等分に切る。
2. 鍋に湯（分量外）を沸かし、塩を入れてアスパラガス、にんじん、パプリカの順にゆで、ざるにあげて水けをきる。
3. 「カルピス」と酢をバットに入れ、2の野菜を約15分漬け込む。
4. 生ハム1枚に3の野菜の半量をのせて、それぞれ巻く。
5. 皿に盛り、ピンクペッパーをちらす。

「カルピス」で作る

甘酢だれ、ごまだれ、マヨソース

「カルピス」を調味料の1つとして加えたたれ2種とソースは、ふだんのものとはひと味違って、さわやかな風味とほのかな甘味がプラスされます。ここでは基本の混ぜる割合にしていますが、味をみて、自分好みの甘味や酸味になるように調整してください。

甘酢だれ

ポン酢しょうゆ：**「カルピス」**＝5：2

ポン酢しょうゆがマイルドになって、食べやすくなります。

ごまだれ

ごまだれ：**「カルピス」**＝5：2

さわやかなごま風味が味わえる、さらりとしたたれです。

マヨソース

マヨネーズ：**「カルピス」**＝3：1

マヨネーズに、ほのかな甘味と酸味がプラスされます。

甘酢だれを使って

ミニトマトとオクラの和えもの

ほんのり甘味があって
食べやすいのが自慢です。

材料と作り方（2人分）

オクラ4本は板ずりしてから塩ゆでし、ガクを取って斜め半分に切る。ミニトマトは横半分に切る。ボウルにオクラとミニトマト、白髪ねぎ（＊）を入れて甘酢だれで和える。

＊5㎝長さのねぎに切り込みを入れて、中心部分を取り除き、細切りにして水にさらしたもの。

野菜の揚げ浸し

甘酢だれをだし汁で割るのがコツ。
揚げものがさっぱりいただけます。

材料と作り方（2人分）

ズッキーニ⅓本、なす½本、玉ねぎ¼個、みょうが2本、かぼちゃ60gはそれぞれ食べやすい大きさに切る。バットに甘酢だれをだし汁適量で割ったものを入れ、みょうがを入れる。他の野菜は揚げ油で素揚げしてから、バットの液に浸す。

ごまだれを使って

豚しゃぶ

豚肉にかけるだけ。
やさしい甘味が豚肉を包み込みます。

材料と作り方（2人分）

鍋に湯を沸かして、食べやすい大きさに切ったキャベツ2枚分をゆでて取り出す。同じ鍋に酒少々を加え、豚しゃぶ用の肉120gをゆでる。皿にキャベツと細切りにしたきゅうりとラディッシュを盛り、豚肉をのせてごまだれをかける。

そうめん

好みでおろししょうがや
万能ねぎなどの薬味を加えて。

材料と作り方（1人分）

鍋に湯を沸かし、そうめん1～2束をゆでて皿に盛り、すだち¼個を添える。ごまだれに青じそのせん切りを加える。

マヨソースを使って

グリーンサラダ

生野菜にかけるだけ。
ほんのり甘くてさわやかです。

材料と作り方（2人分）

スナップえんどう4本は筋を取って塩ゆでし、豆が見えるように半分に割る。器にレタスとベビーリーフ各20gとスナップえんどうを盛り、マヨソースをかけてパルメザンチーズをふり、粗びき黒こしょうをふる。

お好み焼き

マヨネーズの代わりに。
ソースと混ざるとコクがアップします。

材料と作り方（1～2枚分）

ボウルにすりおろした山芋60gと溶き卵½個分を混ぜ、薄力粉50gを加え混ぜ、水70～100mℓを少しずつ加えながら、なめらかになるまで混ぜる。ざく切りにしたキャベツ¼個分、揚げ玉と桜えび各適量を加え混ぜる。フライパンに油を敷き、生地を丸く流して、3～4等分に切った豚ばら肉60gをのせ、ふたをして中火で蒸し焼きにする。裏面に焼き色がついたら裏返して焼く。皿に盛り、中濃ソースをぬってマヨソースをかけ、青のりとかつおぶし適量をかける。

「カルピス」の風味を生かして
さっぱりパスタ

群馬工場 廿樂さん／「カルピス」歴15年

青じそドレッシングと「カルピス」の組み合わせが絶妙です。ほのかに甘酸っぱい香りが漂い、ほんのり甘味も。市販のドレッシングを使って、手軽においしいパスタが作れるのがうれしいですね。

カロリーひかえめ！

材料（2人分）

スパゲティ…………………… 160g
塩……………………………適量
ズッキーニ…………………½本
しめじ…………………………70g
黄パプリカ…………………¼個
オリーブ油…………………適量
A
「カルピス」………………… 50mℓ
青じそドレッシング（市販）…… 50mℓ
青じそ………………………2枚

作り方

1. 鍋にたっぷりの湯（分量外）を沸かし、塩を加えてスパゲティをアルデンテにゆでる。
2. ズッキーニは1cm厚さの輪切り、しめじは石づきをとってほぐし、パプリカは細切りにする。
3. フライパンに油を熱し、2の野菜を炒める。1のスパゲティとゆで汁50mℓ、Aを回しかけて全体になじませたらできあがり。
4. 皿に盛り、青じそをちぎってちらす。

「カルピス」の入ったドレッシングが隠し味
レモンポテトサラダ

コンク・ギフト事業部 林さん／「カルピス」歴35年

黄色と緑色のコントラストも酸味のきいた味もさわやか。夏の暑い時期に作ることが多いメニューです。食欲がないときでもパクパクいただけます。春先には、旬のそら豆を使うと美味です。

カロリーひかえめ！

材料（2～3人分）

じゃがいも‥‥2個（300g）
枝豆‥‥‥‥‥‥‥‥‥適量
塩‥‥‥‥‥‥‥‥‥‥少々
〈ドレッシング〉
「カルピス」‥‥‥小さじ2
卵黄‥‥‥‥‥‥‥1個分
レモン汁‥‥‥‥大さじ1
粒マスタード‥‥小さじ1
塩‥‥‥‥‥‥‥小さじ½
こしょう‥‥‥‥‥‥少々
サラダ油‥‥大さじ1～2
イタリアンパセリ‥‥‥適量
粗びき黒こしょう‥‥‥適量

作り方

1. 鍋に湯（分量外）を沸かし、皮をむいてひと口大に切ったじゃがいもをゆでる。枝豆も塩ゆでしてさやからはずす。

2. 大きめのボウルに、サラダ油以外のドレッシングの材料を入れて混ぜ合わせる。混ざったら、サラダ油を少しずつ足しながら、さらに全体に混ぜ合わせる。

3. ゆであがった**1**のじゃがいもを熱いうちに**2**に入れて混ぜ、なじませる。皿に盛り、枝豆と刻んだイタリアンパセリをちらし、黒こしょうをふる。

「カルピス」を加えて煮るだけでできあがり！

さつまいものさわやか煮

機能性食品事業部 黒澤さん／「カルピス」歴25年

さつまいものレモン煮からヒントを得て作った超簡単「カルピス」レシピです。砂糖いらずで作れ、ほんのり「カルピス」の風味が漂って美味。我が家では3歳の息子が、クッキー型で抜いて楽しく食べています。

カロリーひかえめ！

材料（2～3人分）

さつまいも……………………1本（250g）
水…………………………………1カップ
「カルピス」……………………… 80㎖

作り方

1. さつまいもは皮をよく洗い、1㎝厚さの輪切りにして水（分量外）にさらす。

2. 鍋に水と「カルピス」、**1**のさつまいもを入れ、中火にかける。沸騰したら少し火を弱めて、アクを取りながら約10分煮る。火が通ったら強火にし、煮汁を煮とばしてツヤを出す。

「カルピス」の味がさわやか
かぶだけサラダ

品質保証 環境部 越知さん／「カルピス」歴47年

母がよく作ってくれたまっ白なかぶのサラダに「カルピス」を使ってみました。生のかぶの滑らかな舌触りに、「カルピス」の華やかな香りがよく合うと思います。粒マスタードがアクセントになります。

カロリーひかえめ！

材料（2人分）

かぶ……………………中2個（200g）
かぶの葉…………………………1本
レモン汁……………………小さじ2
「カルピス」…………………小さじ2
塩……………………………………少々
粒マスタード………………………適量

作り方

1. かぶは薄切りにする。かぶの葉は5㎝長さに切る。

2. ボウルに**1**と残りの材料を入れて、よく混ぜ合わせる。

酢の酸味を「カルピス」の甘味でマイルドに
さわやかピクルス

カロリーひかえめ！

材料（作りやすい分量）

にんじん、きゅうり、赤パプリカ、カリフラワー、みょうが（お好みで）
……………………… 合わせて300g

〈漬け汁〉

- 「カルピス」…………………½カップ
- 酢…………………………⅓カップ
- 塩………………………… 小さじ1
- ローリエ……………………… 1枚
- 黒こしょう（ホール）…………5～6粒

作り方

1. にんじんは拍子切り、きゅうりは1.5㎝厚さの輪切り、パプリカとカリフラワーは食べやすい大きさに、みょうがは縦半分に切る。

2. 鍋に湯（分量外）を沸かし、にんじんとカリフラワーをさっとゆでる。

3. 別の鍋に**漬け汁**の材料を入れ、火にかける。沸騰したら、**2**と他の野菜を入れて火を止める。

4. 粗熱が取れたら、汁ごと保存容器に入れて冷ます。

東京支店 中澤さん／「カルピス」歴18年

酢と「カルピス」で簡単にピクルスができました。酢の強い酸味を「カルピス」がマイルドに和らげて、食べやすいピクルスに。彩りもきれいなので、お弁当のおかずに入れると華やぎます。

「カルピス」×キムチでコクがアップ！

豚キムチ

商品開発センター 根本さん／「カルピス」歴20年

炒める前に、キムチに「カルピス」をからめておくと、キムチのコクがアップします。炒めないで、「カルピス」をからめただけでもおいしいですよ。

同じ発酵食品だからぴったり！

材料（2人分）

豚ばら肉……100g
酒、しょうゆ……各大さじ1
キムチ……80g
「カルピス」……大さじ1
ごま油……大さじ1
もやし……100g
にら……¼束

作り方

1. 豚肉はひと口大に切り、酒としょうゆをからめる。

2. キムチに「カルピス」をからめる。

3. フライパンにごま油を熱し、**1**の豚肉を炒める。肉の色が変わってきたら、**2**ともやし、5㎝長さに切ったにらを加え、さらに混ぜ炒める。

「カルピス」の風味が納豆の臭みを包み込む

納豆パスタ

同じ発酵食品だからぴったり！

材料（2人分）

納豆…………………2パック（100g）

A

「カルピス」…………………大さじ1

しょうゆ…………………大さじ1

マヨネーズ…………………適量

スパゲティ…………………180g

塩…………………適量

ししとう…………………4本

白髪ねぎ（＊）、刻みのり　…………各適量

＊5㎝長さのねぎに切り込みを入れて、中心部分を取り除き、細切りにして水にさらしたもの。

作り方

1. 納豆にAを混ぜ合わせる。

2. 鍋に湯（分量外）を沸かして塩を加え、スパゲティを入れてアルデンテにゆで、ざるにあげる。ししとうも竹串で数カ所穴をあけて、さっとゆでる。

3. 皿にスパゲティを盛り、1の納豆、白髪ねぎ、刻みのりの順にのせ、最後にししとうを添える。

カルピス労働組合 三池さん／「カルピス」歴28年

ほのかな甘味が味の後押しをします。テキトーに作っても失敗することがないレシピなので、だれでも作れると思います。納豆のねばねばパワーで元気になれますよ。

「カルピス」ができるまで

「カルピス」は厳しい衛生管理のもとで、約2週間かけて作られています。
牧場から私たちの家にやってくるまでの道のりをたどってみましょう。

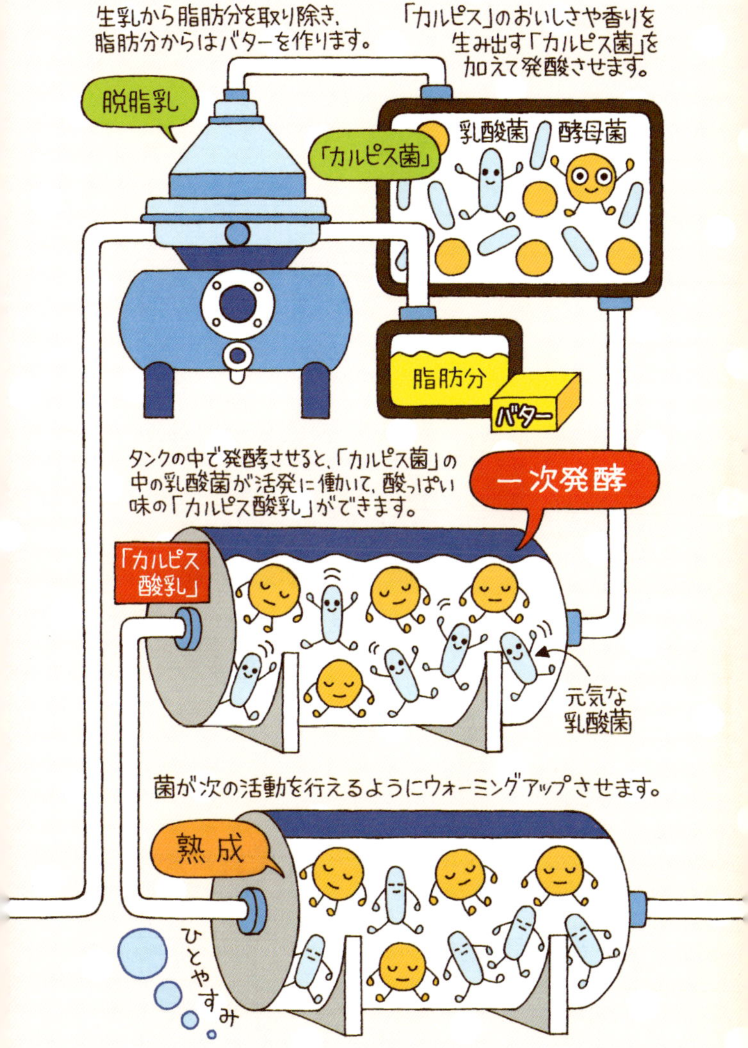
生乳から脂肪分を取り除き、脂肪分からはバターを作ります。
「カルピス」のおいしさや香りを生み出す「カルピス菌」を加えて発酵させます。
脱脂乳
「カルピス菌」
乳酸菌
酵母菌
脂肪分
バター
タンクの中で発酵させると、「カルピス菌」の中の乳酸菌が活発に働いて、酸っぱい味の「カルピス酸乳」ができます。
一次発酵
「カルピス酸乳」
元気な乳酸菌
菌が次の活動を行えるようにウォーミングアップさせます。
熟成
ひとやすみ

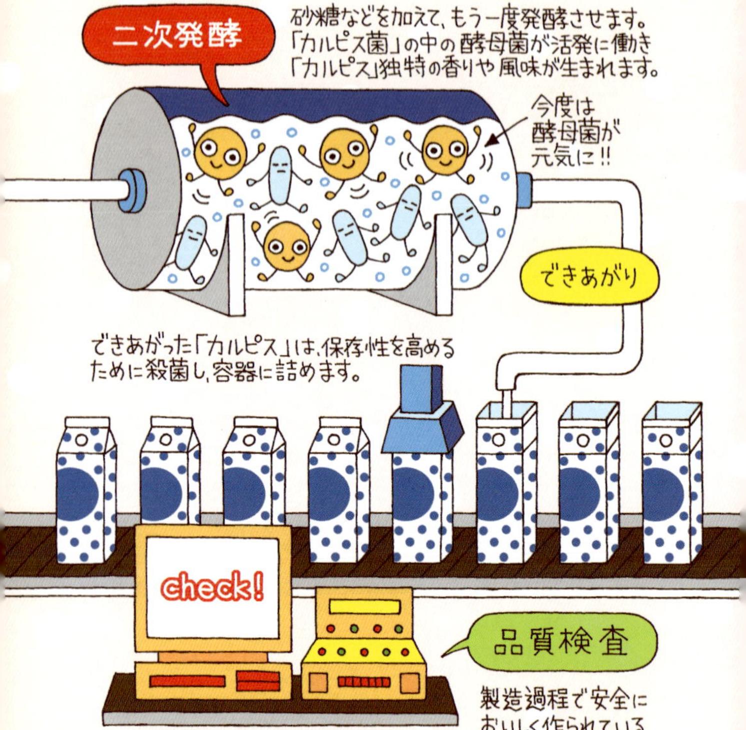
二次発酵
砂糖などを加えて、もう一度発酵させます。
「カルピス菌」の中の酵母菌が活発に働き
「カルピス」独特の香りや風味が生まれます。
今度は
酵母菌が
元気に!!
できあがり
できあがった「カルピス」は、保存性を高める
ために殺菌し、容器に詰めます。
check!
品質検査
製造過程で安全に
おいしく作られている
かどうかの検査を何度も
行っていますが、ここで最終
チェックを行います。
最後に箱詰めにして日本全国に
運ばれ、お店に並び私たちの
家へとやってきます。

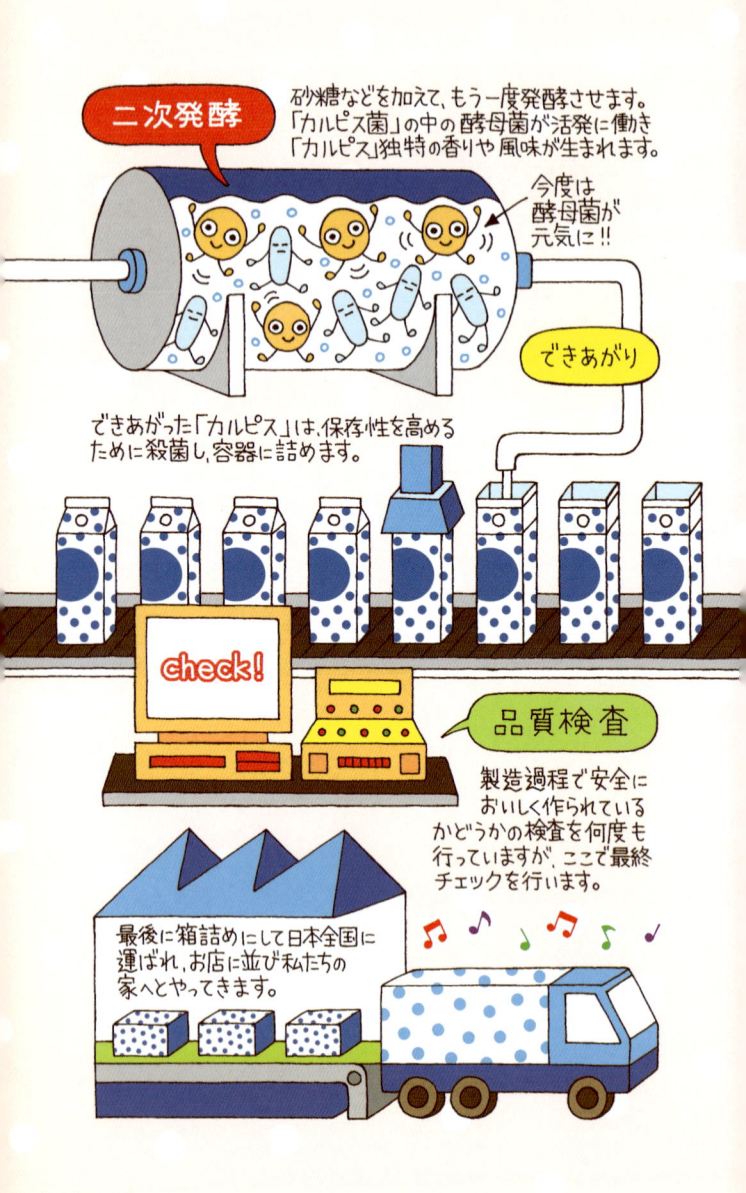

PART 03

「カルピス」を使って作る
デザート

「カルピス」は、ドリンクや料理だけでなく、デザートにも使えます。砂糖は入っていますが、脂肪分ゼロなのがうれしいところ。液体なので材料に混ぜやすいのも魅力です。しかも同じ生乳からできた牛乳やバターとも好相性。スポンジ生地に加えたり、クリームに加えて楽しみましょう。

「カルピス」の入ったシロップでさっぱりと

カラフルパンケーキ

生地に混ぜる

材料（直径10㎝のパンケーキ5枚分）

A

「カルピス」……………………… 60㎖
米粉のホットケーキミックス粉………… 200g
牛乳……………………………………140㎖
卵………………………………………1個

サラダ油…………………………………適量
ミックスドライフルーツ………………適量

〈シロップ〉

「カルピス」……………………… 大さじ3
メイプルシロップ…………………… 大さじ3

作り方

1. ボウルに**A**の材料をすべて入れて混ぜ合わせる。

2. フライパンに油を敷き、**1**をおたま1杯分流し入れてふたをし、極弱火にかける。表面がふつふつしてくる直前にドライフルーツをのせ、1～2分蒸し焼きにする。

3. 皿に盛り、合わせたシロップを添える。

広報・CSR部 岡野さん／「カルピス」歴46年

米粉のパンケーキは“もっちり”が持ち味。「カルピス」の酸味がなじんでおいしいですよ。シロップはこの配合がとってもさわやかです。

「カルピス」の味がかぼちゃの甘味を際立たせる
パウンドケーキ

飲料事業部 花本さん／「カルピス」歴30余年

かぼちゃの甘味と「カルピス」の酸味の相性が抜群です。かぼちゃの代わりにオレンジピールやラズベリージャムなどを加えてもOK。「カルピス」の酸味と合う具材を探すのも楽しいです。お試しください。

生地に混ぜる

材料（縦20×横8×高さ6㎝のパウンド型1台分）

薄力粉……………………………… 150g
ベーキングパウダー……………………… 6g
バター（無塩）…………………………… 100g
卵…………………………………… 2個
かぼちゃ……………………………… 80g
グラニュー糖…………………… 大さじ1＆80g
「カルピス」……………………………… 100㎖

作り方

1. 粉類は合わせてふるう。バターと卵は室温に戻す。
2. 耐熱容器にかぼちゃを入れ、ラップをして600Wの電子レンジで約2分加熱する。ボウルに入れてグラニュー糖大さじ1を加え、フォークなどで粗めにつぶす。
3. 別のボウルにバターとグラニュー糖80gを入れ、泡立て器でよく混ぜる。ここへ溶き卵を4回に分けて加え混ぜる。混ざったら「カルピス」を4回に分けて加え混ぜる。
4. 3へふるった粉類を入れ、ゴムべらで切るようにして混ぜる。粉っぽさがなくなったら2のかぼちゃを加え、さっくり混ぜる。
5. パウンド型にクッキングシートを敷いて3を入れる。トントンとたたいて表面を平らにし、180℃のオーブンで約40～50分焼く。竹串をさして生地がついてこなければ焼きあがり。

「カルピス」の入ったクリームでさっぱりと

水玉ロールケーキ

生地に混ぜる

乳製品事業部 岡野さん／「カルピス」歴33年

パータ・デコールの水玉の大きさで、できあがりの雰囲気が変わります。ちょっと手間がかかりますが、見た目も味も二重丸なので作りがいがあります。さっぱり味でしっとりふわふわの食感を味わってください。

材料（ロールケーキ1本分）

〈水玉パータ・デコール〉

- バター（無塩）……15g
- 食用色素（水色）……少々
- 粉糖……15g
- 卵白……15g
- 薄力粉……15g

〈生地〉

- 卵……3個
- 砂糖……70g
- 薄力粉……60g

〈クリーム〉

- 生クリーム……150mℓ
- 「カルピス」……60mℓ

作り方

1. **水玉パータ・デコール**（飾りつけ用生地）を作る。バターは室温に戻し、食用色素は少量の水（分量外）で溶く。ボウルにバターと粉糖、卵白を入れてすり混ぜる。ふるった薄力粉を加え混ぜ、食用色素を数滴加えてよく混ぜる。丸口金をつけた絞り出し袋に入れ、クッキングシートを敷いた天板に水玉に絞り出して、冷蔵庫で冷やし固める。

2. **生地**を作る。ボウルに卵を割り入れてほぐし、70℃の湯せんにかけながら泡立てる。砂糖を3回に分けて加え混ぜ、もったりしてきたら湯せんからはずす。泡立て器を持ち上げたとき、生地のあとが残るくらいになるまで泡立てる。ふるった小麦粉を加え混ぜ、ゴムべらで切るようにして混ぜる。

3. ゴムべらを持ち上げたとき、生地のあとが残って消えるぐらいになったら、**1** の天板に流し入れ、200℃のオーブンで約10分焼く。シートごと網の上にのせて冷ます。

4. **クリーム**を作る。ボウルに生クリームと「カルピス」を入れ、8分立て（泡立て器を持ち上げたとき、ツノの先端が曲がるくらい）にする。

5. **3** の生地を裏返してシートをはがし、もう一度ひっくり返して新しいシートにのせる。**4** の生クリームをぬり、手前から奥へくるくる巻く。シートに包んで冷蔵庫でなじませる。

クリームチーズと「カルピス」の相性が絶妙

レアチーズケーキ

群馬工場 美濃垣さん／「カルピス」歴46年

さわやかな酸味と甘味がたまらないチーズケーキです。砂糖の代わりに「カルピス」を使うと、溶けやすく混ざりやすいので手早く作れます。お子さんにはレモン汁を少なめに。お好みで加減してください。

生地に混ぜる

材料（直径10㎝のチーズケーキ型1台分）

クッキー（市販）……………………80g
バター（無塩）………………………40g
粉ゼラチン……………………………5g
水………………………………大さじ2
クリームチーズ……………………200g
生クリーム………………………200㎖
「カルピス」………………………100㎖
レモン汁………………………大さじ3
ブルーベリー、レモンの皮…………各適宜

作り方

1. クッキーはビニール袋に入れて、すりこぎなどでたたいてつぶす。ボウルに入れ、室温に戻したバターを加え混ぜる。型に敷いて冷蔵庫で冷やし固める。

2. 耐熱容器に水を入れ、粉ゼラチンをふり入れてふやかす。

3. 別のボウルに室温に戻してやわらかくしたクリームチーズを入れ、生クリーム、「カルピス」、レモン汁を順に加えて、なめらかになるまで泡立て器でよく混ぜる。

4. **3**が混ざったら、600Wの電子レンジで約20秒加熱して溶かした**2**のゼラチンを加え混ぜる。

5. **1**の型に**4**の生地を流し入れ、冷蔵庫で約3時間冷やし固める。

6. 型から取り出し、ブルーベリーとすりおろしたレモンの皮を飾る。

果物に「カルピス」をかけるだけでできる

フルーツポンチ

人事・総務部 松本さん／「カルピス」歴45年

果物を切るだけだからだれでも作れるデザートです。我が家では、料理自慢のおやじの手の込んだ料理より、適当に作れるこんなモノの方が喜ばれます。果物はなんでもOK。旬の果物で作ってください。

シロップに混ぜる

材料（2人分）

りんご……………………………………¼個
キウイ……………………………………½個
ピンクグレープフルーツ、オレンジ………　各¼個
バナナ……………………………………½本
「カルピス」………………………………適量
レモン汁…………………………………少々

作り方

1. りんごは芯を取っていちょう切り、キウイは皮をむいて輪切りにする。グレープフルーツとオレンジは薄皮をむいて身を取り出す。バナナは5㎜厚さの輪切りにする。
2. ボウルに1の果物を入れ、「カルピス」を好みの量かけて10分程度おいて味をなじませる。
3. 2の味を見て「カルピス」とレモン汁で味を調整し、冷蔵庫で冷やす。

「カルピス」入りのさっぱり味のキャラメルソース
バニラアイスのキャラメルがけ

乳製品事業部 岡野さん／「カルピス」歴33年

残ったキャラメルソースは冷蔵庫で保存すれば2週間くらいは大丈夫です。多めに作って、ヨーグルトに加えたりしてもgood！「カルピス」入りは甘ったるくないのが魅力。たっぷりかけて召しあがれ！

ソースに混ぜる

材料（2人分）

〈キャラメルソース〉（作りやすい分量）

生クリーム……50mℓ
グラニュー糖……50g
水……大さじ1
牛乳……20mℓ
「カルピス」……50mℓ
バター（無塩）……20g
スポンジケーキ（市販）……適量
バニラアイス（市販）……適量
オレンジ……4房
ミントの葉……適宜

作り方

1. **キャラメルソース**を作る。生クリームは600Wの電子レンジで約10秒加熱する。小鍋にグラニュー糖、水、牛乳を入れて中火にかけ、きつね色になってきたら、温めた生クリーム、「カルピス」を加え混ぜる。火からおろし、バターを加えて混ぜ溶かす。

2. 器にひと口大に切ったスポンジケーキとバニラアイスを盛り、キャラメルソース適量をかけ、薄皮をむいたオレンジとミントの葉を飾る。

「カルピス」の味がしっかり生きたデザート

さわやかババロア

カルピスフーズサービス㈱ 東海林さん／「カルピス」歴50年

これは妻のレシピです。新婚時代に社宅の先輩から教わったもので、子供たちがとっても喜んで食べていた思い出があります。子供たちはもう大人ですが、「カルピス」の味は変わらないので、いつでも再現できるのがうれしいです。

ゼラチンに混ぜる

材料（直径7×高さ6㎝のプリン型4個分）

粉ゼラチン……………………………10g
水…………………………………250㎖
卵黄……………………………1個分
生クリーム…………………………100㎖
「カルピス」…………………………175㎖

作り方

1. ボウルに水100㎖を入れ、粉ゼラチンをふり入れてふやかす。

2. 鍋に残りの水150㎖を入れて中火にかけ、ひと煮立ちさせる。

3. 別のボウルに卵黄と生クリームを入れて、泡立て器でよく混ぜる。

4. **3**に「カルピス」と**2**の湯、**1**のふやかしたゼラチンを入れてよく混ぜ、型に流し入れて冷蔵庫で冷やし固める。

和菓子にもよく合う「カルピス」の風味

精進淡雪かん

コンク・ギフト事業部 林さん／「カルピス」歴35年

豆腐が淡雪のように見えるヘルシーな和スイーツです。豆腐と「カルピス」のコラボはとっても新鮮！　意外なおいしさに心躍ります。少し固めなので、ゆるめがお好きなら、寒天の量を少し減らしてください。

寒天に混ぜる

材料（14.5×8.8×4.8㎝の流し函1函分）

絹ごし豆腐……½丁（180g）
「カルピス」……60～90㎖
水……1カップ
粉寒天……4g
黒みつ、きな粉……各適量

作り方

1. 豆腐はペーパータオルに包んで重し（皿など）をし、水けをきる。
2. 小鍋に水を入れて粉寒天をふり入れ、3～4分置く。
3. 2に「カルピス」を加えて弱火にかけ、寒天が完全に溶けるまで、木べらで混ぜて煮溶かす。溶けたら火からおろして粗熱を取る。
4. ボウルに1の豆腐を入れ、泡立て器で細かくくずす。3に加えてよく混ぜ、流し函に流し入れ、冷蔵庫で冷やし固める。
5. 食べやすい大きさに切って皿に盛り、黒みつときな粉をかける。

PART 04

カルピス社の社員食堂

「カルピス」の誕生日は7月7日。カルピス本社（東京・恵比寿）の社員食堂では毎月7日が「カルピス」dayになり、「カルピス」を使ったメニューが3～4品登場します。カルピス社員は、ここで食べたメニューを参考に、マイレシピを考えることも多いとか。そこで、「カルピス」dayに社員食堂に潜入。店長の山口晴生さんに「カルピス」を使ったメニューについてお話を伺いました。

「カルピス」は 調味料としても万能です。

カルピス本社社員食堂店長の 山口晴生さんに聞きました

「カルピス」dayを設けるようになったのは、「カルピス」が発売90周年を迎えた2009年7月7日からです。最初は麻婆豆腐、ビーフストロガノフ、ナポリタン、チキンカレー、そうめん、みそラーメン、ゼリーの7品をご提供しましたが、どれも社員の方達には好評でした。それからは毎月7日に3～4品を出しています。ホームページに掲載してあるメニューも参考にして作ることがあります。あるとき「さばのみそ煮」を作ったらコクがあってとてもおいしく、みそにも合うことを発見。だったらしょうゆにだって合うはずと、「肉じゃが」に入れてみたらこれまた大成功。「カルピス」は、砂糖やみりんなどの甘味調味料の代打にぴったりです。加える量と混ぜる・かけるのタイミングさえ合っていれば、どんな料理だってOK。「カルピス」は飲みものだけでなく、調味料としても万能なのです。これからは“食卓に「カルピス」”もおすすめですよ。ここではたくさんある「カルピス」を使ったメニューの中から、社員に人気の「カルピス」メニューBest10をご紹介しましょう。

カルピス本社の社員食堂。12時になると長い行列ができ、あっという間に満席になる。

「カルピス」dayのショーウィンドーにはカルピスとその日の「カルピス」使用のメニューが並ぶ。手書きのメニューボードも立てて、目につきやすくしている。

第1位

ソースに

手作りとんかつ
オリジナルソース

メニューのポイント

中濃ソース：「カルピス」＝2：1の割合で混ぜるのがコツです。このソースがあれば、コロッケなどにも使えます。

社員の声

少し酸味のきいたソースをかけると、まろやか味のとんかつになりますね。揚げものがさっぱりといただけるのがうれしいです。

第2位

スープに

海鮮あんかけ焼きそば

メニューのポイント

あんになる中華スープのベースに**「カルピス」**を加えます。野菜や魚介類がたっぷり入った具なので、栄養バランスもいいですよ。

社員の声

さっぱりあんだから、ガツガツいけますね。不足しがちな野菜を、昼食でたっぷり食べられるので安心です。

第3位

仕上げに

ビーフストロガノフ

メニューのポイント

仕上げに「カルピス」を加えます。トマトペーストと赤ワインが入っていますが、どちらの酸味にも「カルピス」はよく合います。

社員の声

普段食べているビーフストロガノフよりもコクがあるなと思いました。濃厚味なのにしつこさがないのがいいですね。

第4位

2つのたれに

タンドリーチキン

メニューのポイント

鶏肉を漬け込むたれと、かけだれに「カルピス」が入っています。かけだれはカレー風味。しっかり味がしみ込んだジューシーな肉が美味です。

社員の声

肉の中までしっかり味がついているので、ご飯がすすみます。こんがり焼き色のついた香ばしいチキン。かけだれをつけるとさっぱり食べられます。

クリームソースに

第5位

シーフードグラタン

メニューのポイント

クリーミーな「カルピス」はグラタンのクリームソースにぴったり。1人分に入っている「カルピス」の量は7～8mℓです。

社員の声

「カルピス」がクリームソースになじんでいて違和感がありません。コクがあるグラタンなので、まるでレストランで食べているようです。

第6位

鶏もも肉のこがしみそ焼き

メニューのポイント

「カルピス」を入れた赤みそを鶏肉にぬって焼きます。焦げたみそが香ばしく、ほんのり甘味もあっておいしいですよ。

社員の声

みその風味がちゃんと生きていて、肉もジューシー。甘さのバランスが絶妙ですね。これなら家でも作れそうです。

第7位

麻婆丼

メニューのポイント

辛味が命の麻婆豆腐ですが、**「カルピス」**を入れるとまろやかに。カレーもそうですが、辛味が強いメニューには**「カルピス」**がよく合います。

社員の声

ふだん食べている麻婆豆腐より、食べやすくてコクがあってとってもおいしいですね。恐るべし！「カルピス」パワーだと思いますよ。

合わせ酢に

第8位

ちらし寿司

メニューのポイント

ひな祭りやこどもの日のある月のメニューによく入れます。ほんのり香る「カルピス」の風味がさわやか。１人分に5mℓくらい入っています。

社員の声

社員食堂でちらし寿司が食べられるなんてうれしいですね。気分がよくなって午後からの仕事もはかどります。すし飯には絶対「カルピス」！

あんに

第9位

酢豚

メニューのポイント

1人分に10mℓ入っているので、ほんのり**「カルピス」**の香りが漂います。**「カルピス」**が入った分、砂糖の量を減らすのがポイントです。

社員の声

「カルピス」を入れるのと入れないのでは、コクが全然違いますね。このメニューが出る日は、必ず食べます。

第10位

ごまだれそうめん

メニューのポイント

ごまだれ50mℓに「カルピス」20mℓを合わせたたれがそうめんにぴったりです。ごまだれをポン酢に変えたポン酢だれもおいしいですよ。

社員の声

絶品のごまだれだと思います。さらりとしているのにコクがあって風味豊か。いつものそうめんとはひと味違った味が楽しめます。

カルピス社員にインタビュー

実際に食堂で食べている社員の方に感想を伺いました。インタビューに答えてくださったのは、同じ部署（コンク・ギフト事業部）の男女4名の面々。「カルピス」dayには必ず「カルピス」を使ったメニューを食べているそうです。

横川さん

週5日、利用しています。特に焼きそばは大好物！　さっぱりしたあんは「カルピス」入りならではですね。

小杉さん

私も毎日通っています。ここで食べたメニューを参考に、家でも「カルピス」入り煮豚を作ったところ、大好評でした。

真鍋さん

「カルピス」dayは必ずここですね。家でもさばのみそ煮や麻婆豆腐、パン作りに「カルピス」を使っていますが、家族も友人も大絶賛してくれますよ。

養畑さん

私も毎日ここで昼食を食べます。休日には夫婦で「カルピス」レシピを考えて、試作することもしばしば。私はデザートが得意ですね。

「カルピス」の歩み

1919年7月7日に発売されて以来、日本中で愛されてきた「カルピス」。だれでもが「カルピス」の思い出を胸に秘めているのではないでしょうか？　時代とともに「カルピス」のパッケージや包装紙も少しずつ変わってきています。そんな「カルピス」の歩みをご紹介します。

1919年～
（大正8年）

「カルピス」大壜《びん》
発売当初の「カルピス」は化粧箱入りだった。商号は「カルピス」の前身ラクトー株式会社。

1922年～
（大正11年）

「カルピス」徳用壜（青紙包「カルピス」）
天の川の「銀河の群星」をイメージした青地に白色の水玉模様の包装紙がデザインされた。

1932年～
（昭和7年）

「カルピス」徳用壜（赤紙包「カルピス」）
製造コストを抑えて単価を低くした家庭向けの普及品。従来のものと区別するために、赤字に白の水玉模様に。

1953年～
（昭和28年）

「カルピス」大壜
戦前からの青地に白の水玉模様を、白地に青の水玉模様にしてリフレッシュ。

1964年～
（昭和39年）

「カルピス」大壜
英文のロゴ「CALPIS」を中心にしたラベルに。

1989年～
(平成1年)

CALPIS

「カルピス」大壜
ラベルに地球とさわやかさを表現した水玉模様が入り、包装紙の水玉模様が小さくなった。

1993年～
(平成5年)

CALPIS

「カルピス」
英文のロゴを縦書きにして使用した。

1995年～
(平成7年)

「カルピス」
軽くて使いやすい紙容器パッケージの販売開始。

1997年～
(平成9年)

「カルピス」
昔から使われていた「カルピス」のカタカナロゴが復活し、「朝顔グラス」のマークが誕生。

2009年
(平成19年)
～
2011年
(平成23年)

カルピス

「カルピス」
円形を強めたパネルにし、パネルの中に天の川を表現した。

あなたの思い出の
カルピスはどれ?

デザイン
小橋太郎（Yep）

撮影
安部まゆみ

スタイリング
髙橋ゆかり

イラスト
斉藤ヨーコ

料理制作
中山智恵

料理アシスタント
江戸敏江

企画・編集
小橋美津子（Yep）

編集協力
カルピス社員

カルピス株式会社

本社／〒150-0022　東京都渋谷区恵比寿南2-4-1
お客様相談室：0120-378090
http://www.calpis.co.jp

★「カルピス」「CALPIS」「初恋の味」「カルピス酸乳」「アミールS」「カラダにピース」「朝顔グラス」はカルピス株式会社の登録商標です。
★「LTP」「ラクトトリペプチド」はカルピス株式会社の商標です。

カルピス社員のとっておきレシピ

●協定により検印省略

監修者　カルピス株式会社
発行者　池田　豊
印刷所　株式会社光邦
製本所　株式会社光邦
発行所　株式会社池田書店
〒162-0851
東京都新宿区弁天町43番地
電話　03-3267-6821㈹
振替　00120-9-60072

落丁、乱丁はおとりかえいたします。

ISBN978-4-262-12970-9

1104306